AF263344

LE PROJET DE LOI

SUR

LA PRESSE

PAR

UN ANCIEN JOURNALISTE

PARIS

LIBRAIRIE CENTRALE

5, RUE DU PONT-DE-LODI, 5

1867

LE PROJET DE LOI

SUR LA PRESSE

I

Suppression de l'autorisation préalable. — Le Cautionnement.

Le projet du nouveau Code de la presse périodique, promis par la lettre impériale du 19 janvier, vient d'être publié et présenté au Corps législatif, après avoir été longuement étudié et discuté, tant par le conseil d'État que par le conseil des ministres.

Loin de moi la pensée de critiquer le plan général de cette réforme si ardemment souhaitée par les journaux de l'opposition, si favorablement accueilli par les feuilles généralement considérées comme les organes plus ou moins officieux du gouvernement. Le projet, ne contînt-il que la suppression de l'autorisation préalable ; il constituerait déjà un immense progrès sur le régime que la presse périodique subit depuis plus de quinze années.

Je ne veux point examiner non plus si, en raison du main_tien des cautionnements, la suppression de l'autorisation préalable ne crée pour la presse politique qu'un régime de liberté apparente. Certes, nous sommes loin, à cet égard, du

temps où Lamennais, à propos de la loi du 11 août 1848,
qui rétablissait les cautionnements supprimés le 24 Février,
écrivait ce mémorable et éloquent article intitulé : « *Silence
au pauvre!* » et annonçait en même temps qu'il cessait de
faire paraître son journal *le Peuple constituant*, dont le tirage
s'élevait à plus de 50,000, et pour lequel il recevait de tous
côtés des offres de cautionnement.

Lamennais pensait que l'adoption du suffrage universel
comme base de la Constitution et comme principe d'État
avait pour conséquence la suppression de tous les priviléges
et l'admission de tous les citoyens à la discussion des intérêts publics. Il le pensait, il le disait, et, poussant la logique dans ses actes jusqu'à l'immolation, il sacrifiait son
journal, qui était pour lui à la fois une tribune et un capital,
sur l'autel de l'égalité.

Je ne sais pas s'il y a eu, depuis, des hommes politiques
supérieurs à Lamennais, je ne sais pas s'il y a des écrivains et
des philosophes qui prétendent l'égaler ; mais, ce que je sais
bien, c'est que je n'ai guère connu de caractères politiques
de cette trempe.

Aujourd'hui, je ne fais toutefois nulle difficulté de reconnaître que les journaux pourvus d'autorisation, qui ont écrit
et agi pour obtenir la suppression de cette autorisation, ont
fait acte d'abnégation et de désintéressement, puisqu'ils ont
appelé de leurs vœux la libre concurrence sur un marché dont
ils avaient le monopole.

D'autant plus méritoire est la croisade entreprise par les
journaux de l'opposition pour la suppression de l'autorisation préalable, que bien évidemment ce n'était pas la création de feuilles gouvernementales que gênait la nécessité de
cette autorisation, et que la disparition de cette formalité ne
peut et ne doit, il est aisé de le prévoir, favoriser que l'éclo-
sion de nouveaux organes de l'opposition, c'est-à-dire de

concurrents aux journaux promoteurs de cette mesure libérale.

Il est équitable également de constater que le Gouvernement, en exauçant les vœux de ces journaux, en facilitant la création de nouveaux organes de critique de ses actes et d'opposition, paraît avoir compris le rôle que doit jouer dans un État régi par un gouvernement représentatif, une presse d'opposition suffisamment libre; car ce n'est pas, on doit le penser, pour disséminer les forces de l'opposition, trop concentrées dans les quelques journaux investis du monopole, mais bien pour multiplier les moyens de discussion et les éléments d'information dont il espère tirer profit dans le sens du progrès, qu'il veut affranchir les journaux de la mesure préventive édictée par le décret du 17 février 1852, exigeant l'autorisation préalable.

Telle étant la pensée du Gouvernement, on comprend parfaitement qu'il ne se soit pas préoccupé en même temps de supprimer le cautionnement ou d'en abaisser le chiffre, I sait bien qu'aujourd'hui la somme affectée au cautionnement est de fort peu d'importance eu égard au capital que nécessite la fondation d'un grand journal, en raison de l'organisation actuelle de la presse politique dont la prospérité industrielle repose presque exclusivement sur l'Annonce.

II

L'Annonce

L'Annonce en effet est, aujourd'hui plus que jamais, la véritable base, non-seulement de la fortune, mais de l'existence même de tous les journaux. — Ce n'est pas sans quelque chagrin que les amis sincères de la presse française et de sa dignité, ceux qui voudraient voir en elle le guide et l'enseignement de l'opinion publique, sont obligés de le confesser.

Assurément je ne suis pas de ceux qui, comme Arnould Fremy, l'auteur de la *Révolution du journalisme*, prétendent élever les fonctions de journaliste à là dignité d'un sacerdoce presque gratuit. Je crois qu'en matière de journalisme, c'est-à-dire dans le culte de la vérité et de la foi politique, dans l'étude et l'enseignement des intérêts publics, on peut admettre que le prêtre vive de l'autel, mais je me défie de la foi du prêtre lorsque je le vois devenir millionnaire, et je n'aime pas que l'autel soit décoré avec trop de luxe. L'excès de richesse du culte et du prêtre est presque toujours un signe de la décadence des religions.

Or, l'Annonce, après avoir fourni un supplément de revenu aux journaux, puis un moyen de s'enrichir, est devenue aujourd'hui, la constitution même de tous les journaux le prouve, l'élément unique de leur existence, puisque l'abonné et l'acheteur ne font, par le prix d'abonnement et d'achat, que leur rembourser le prix du timbre, du papier, de la distribution et de la commission des intermédiaires, c'est-à-dire ce qu'on appelle les frais croissants ou proportionnels. Quant aux frais fixes, intérêts de cautionnement et de capital de fondation, administration, composition, rédaction, ils sont exclusivement payés par les annonces.

Il ne suffit donc pas, pour qu'un journal puisse vivre, qu'il réponde aux besoins ou aux idées d'un très-grand nombre de lecteurs, qu'il leur fournisse d'excellentes informations, qu'il leur offre la primeur des nouvelles les plus importantes, il faut encore, il faut surtout, qu'il réunisse beaucoup d'annonces.

Supposez un journal politique tiré à deux cent mille exemplaires, c'est-à-dire jouissant d'une vogue immense, et ayant trouvé le secret de satisfaire aux exigences politiques, littéraires, commerciales, scientifiques, d'une multitude de lecteurs ; admettez qu'il remplace les grosses et petites affiches du charlatanisme financier et industriel par une rédaction utile, par d'excellents renseignements commerciaux, financiers, économiques, scientifiques, littéraires, qu'il se prive, en un mot, de toutes annonces payées, savez-vous ce qui restera à ce phénix des journaux, pour payer ses frais généraux sur le prix de 54 fr., quand il aura soldé ses frais courants?

Calculez-le vous-même :

Il aura reçu pour 200,000,000 abonnés.   10,800,000 fr.

Quand il aura payé:

Pour son timbre.	4,380.000 fr.	
Pour ses frais de poste.	2,920,000 fr.	
Pour ses 150,000 rames de papier.	2,700,000 fr.	
Pour ses 150,000 rames de tirage.	600,000 fr.	
Pour ses remises aux intermédiaires.	400,000 fr.	
Soit au total.	11,000,000 fr.	—11,000,000 fr.

Il lui restera une perte de 200,000 fr.

Qu'est-il résulté de l'introduction de ce mercantilisme dans le système général de la presse française?

Il en est résulté que l'annonce, après avoir été la partie accessoire du journal, en est devenue la partie principale; que le journal, après avoir vendu sa quatrième page aux charlatans du commerce, en est venu bientôt à trafiquer de la troisième, de la seconde, avec les charlatans de l'industrie et de la finance, et que, finalement, il en est quelques-uns qui sont allés, bel et bien, jusqu'à affermer leur première page à des charlatans politiques, nationaux ou étrangers. On se rappelle l'étrange procès intenté par les liquidateurs du journal *la Nation* aux représentants de l'empire russe, à qui ils réclamaient le montant de la subvention par eux promise pour prix de la *bonne* politique russe qu'on s'était engagé à leur faire et qu'on leur avait loyalement faite.

Ce n'est pas, croyez-le bien, de parti pris et par pure cupidité que l'administration d'un journal se décide à trafi_quer des opinions financières, économiques et même politi-ques de sa rédaction. Il n'y a guère de feuille qui n'ait eu pour point de départ une idée politique, un ensemble même d'idées politiques, économiques, financières, sociales, etc. ; mais un jour vient où le capital de roulement étant épuisé, et le journal n'ayant point réussi à obtenir cette clientèle d'annonces commerciales si difficile à conquérir en raison de la ligue formée par les régisseurs d'annonces de dix jour-naux, il faut recourir aux expédients pour payer les frais généraux que ne payent point les abonnés, et surtout pour faire l'avance de cet énorme impôt du timbre qui tient une si grande place dans le budget des dépenses d'un journal politique.

Bien qu'aucune loi ne puisse, je crois, atteindre cette coa-lition des agents de publicité, il peut être bon de la signaler ici, ne fût-ce que pour révéler une des anomalies monstrueu-ses qu'elle produit, et faire comprendre à quel point l'an-nonce a fini par faire du journalisme français la plus fausse des industries. En diminuant successivement le prix de la ligne d'annonces en raison du nombre de *ses* journaux dans lesquels elle doit être insérée, elle contraint ainsi la plu-part des commerçants à s'annoncer dans tous *ses* journaux. Cette compagnie entretient un parasite qui, tiré tout au plus à 2,000 exemplaires, encaisse néanmoins annuellement un revenu d'annonces de plus de 300,000 francs.

Certes, la combinaison est savante et ingénieuse, et l'on comprend, les choses étant ainsi, qu'un spéculateur bien avisé ait, un jour, offert un million sur table de la propriété de ce journal parasite, dont le traité d'annonces avait encore dix ans à courir ; — c'était un million avancé pour en récolter deux en dix ans, sans compter tous les menus avantages attachés à la position de directeur d'un journal bien pensant, qui ne donne pas grand peine à rédiger et à administrer, puisqu'il est vrai de dire que moins il tire d'exemplaires, — par conséquent moins il a de lecteurs — et plus il encaisse de bénéfices.

Je le répète, aucune loi ne saurait atteindre cette coalition, mais ne serait-il pas utile de chercher à modifier légalement cette situation en offrant aux journaux le moyen de se produire en dehors des conditions du mercantilisme et de la coalition annoncière ?

Ce moyen, je crois l'avoir trouvé dans une nouvelle combinaison de la loi du timbre.

III

Le Timbre

Le timbre est un impôt frappé au profit de l'État sur les transactions civiles et commerciales, établi en raison de bénéfices supposés qui doivent résulter de ces transactions au profit des parties contractantes.

A ce point de vue, l'on comprend parfaitement que toute feuille de papier annonçant une denrée commerciale quelconque soit soumise à cet impôt.

Mais, cette théorie du principe du timbre admise, comment s'expliquer l'obligation du timbre sur les écrits destinés, soit à éclairer l'opinion publique, soit à propager des idées politiques ou économiques, sur des écrits, enfin, dont la publication constitue un des droits primordiaux et devrait constituer un des devoirs les plus sacrés de tout citoyen?

N'est-il donc pas vrai que, le suffrage universel étant la base de nos institutions politiques et sociales, tout ce qui est de nature à initier les citoyens aux matières qui font l'objet de leur suffrage, tout ce qui est de nature à éclairer la cause qu'ils ont à juger doit être affranchi de tout impôt et de toute entrave?

Pourquoi donc astreindre les journaux au timbre comme écrits politiques et en raison des matières d'enseignement social qu'ils contiennent, quand il serait si simple et si logique de les frapper de cet impôt seulement comme organes et agents de publicité, spéculant sur le besoin qu'ont leurs lecteurs de se tenir au courant des affaires de leur pays, pour servir d'intermédiaires aux intérêts pécuniaires du commerce, de l'industrie, de la finance?

On pouvait s'expliquer l'application aux écrits politiques de l'impôt du timbre dont sont affranchis les écrits littéraires, scientifiques, agricoles, etc., lorsque, suivant l'expression de l'exposé des motifs de la nouvelle loi, le Gouvernement cherchait à *favoriser un autre courant*; mais aujourd'hui qu'on paraît juger le pays assez mûr pour avoir le droit de goûter au fruit de la liberté, ne convient-il pas de lever cette dernière entrave du timbre, insignifiante comme garantie de moralité et dérisoire comme valeur fiscale? Il serait du reste si facile de remplacer le revenu infime que donne le timbre des journaux politiques, s'il est vrai, toutefois, que la réforme que je vais proposer, soit de nature à affecter sensiblement ce revenu.

Cette réforme consisterait à introduire dans la loi un article ainsi conçu :

« Tout journal ou écrit quelconque ne contenant aucune annonce, pourra être publié sans timbre.

« Tout journal ou autre imprimé contenant, sous quelque forme qu'elle se déguise, l'annonce d'une denrée, avec le prix de vente, le nom et l'adresse du fabricant ou du marchand, devra être timbré d'un timbre dont le prix sera pro portionné à la dimension de la feuille, 1 centime par dix décimètres carrés.

« Toute contravention à cette disposition sera punie d'une amende de 100 francs à 3,000 francs.

Qu'on essaye d'inaugurer un pareil régime pour la presse française, et je crois pouvoir prédire que le journalisme politique, cessant ainsi d'être le vassal de l'annonce et du mercantilisme, sera transformé en peu de mois.

Qu'on n'oppose pas à cette idée si simple la difficulté de reconnaître l'annonce déguisée ; je répondrais en rappelant la finesse et le tact connus des inspecteurs du timbre, qu'on avait jugés si habiles à flairer les contraventions, qu'on leur avait en 1850, lors de la promulgation de la loi Riancey, confié la mission délicate de discerner du simple récit historique, le roman ou l'épisode romanesque, soumis au timbre en vertu de cet article de la loi qui semblait deviner, il y a dix-sept ans, les Rocambole de l'avenir.

IV

Moyen de remplacer le revenu du timbre. — L'Impôt de la poste. — L'égalité devant l'Impôt. — Mettre un frein à la littérature de bagne et de guillotine.

On a énergiquement attaqué et vivement raillé M. de Riancey, je m'en souviens ; à l'occasion de cet article singulier qu'il fit introduire dans la loi, aux termes duquel un timbre supplémentaire de 1 centime était exigé de toute feuille périodique contenant un roman. La mesure, j'en conviens, avait quelque chose d'excessif; mais qui sait si ce n'est pas ce caractère rigoureux qui donna au roman un petit air de martyr ou tout au moins de persécuté et le rendit intéressant aux yeux d'une foule de gens qui n'avaient pour lui précédemment qu'une froide indifférence.

Peut-être est-ce à cette persécution même que le roman dut plus tard d'avoir été encouragé, lorsqu'il s'est agi, comme l'a dit l'exposé des motifs de *favoriser un autre courant.*

N'est-ce pas, en effet. un véritable encouragement que l'immunité dont jouit le roman d'être exonéré, non-seulement de l'impôt du timbre, mais encore de l'impôt de la poste, sous prétexte de feuilles spécialement et exclusivement consacrées à l'agriculture, aux sciences, à la littérature et aux beaux-arts.

Il faut qu'on le sache bien, ces innombrables journaux dits littéraires dont les tirages se chiffrent par des centaines de mille doivent, en grande partie, leur fortune à la facilité toute exceptionnelle qui leur est octroyée de faire transporter leurs numéros en ballots par les chemins de fer et de faire opérer leur vente et leur distribution dans les pays rapprochés de Paris, avant l'heure de la distribution des feuilles politiques par la poste (1).

Je vous annonçais tout à l'heure un moyen de combler le vide que pourrait faire dans les caisses du fisc la suppression du timbre en faveur des journaux dépourvus d'annonces. Doutez-vous que le rétablissement de l'égalité de-

(1) Un journal littéraire quotidien, imprimé à 3 heures, et partant par les trains de 4 heures, est mis en vente le soir même dans toutes les localités situées dans un rayon de 200 kilomètres de Paris, tandisque les journaux obligés de se servir de la poste ne peuvent être distribués que le lendemain.

vant la loi postale, à l'égard de tous les journaux sans exception, pût suffire à cette nécessité? Jugez-en par ce simple résumé :

On peut évaluer à environ trois millions par semaihe le nombre des petits journaux à 5 centimes qui sont transportés en ballots par chemins de fer, par exception à la loi générale qui oblige les écrits périodiques à se servir de l'intermédiaire de la poste. Je ne comprends pas dans ce chiffre les 200,000 par jour qu'expédie le *Petit Moniteur*, mais j'y comprends cette multitude de journaux hebdomadaires et bi-hebdomadaires illustrés, qui ont si puissamment contribué à répandre dans les classes pauvres le goût de la littérature que vous savez. Ces trois millions de numéros, transportés par la poste, payeraient un droit, à raison de 2 centimes par exemplaire. qui donnerait un total par semaine de. . . . . 60,000 fr.

Le nombre des journaux à 10 centimes transportés hebdomadairement, s'élève environ à 500,000 qui payeraient à raison de 4 centimes.   20,000

Enfin les journaux illustrés, les journaux de modes, d'art, etc., accompagnés d'annexes qui auraient à acquitter à la poste un droit en moyenne de 8 centimes, s'élève à plus de 100,000, ce qui donnerait une somme de.   .   8,000

Soit un total de. . . . . 88,000 fr.

Revenu de 88,000 francs par semaine ou de plus de *quatre millions et demi* par an (en chiffres ronds), dont la poste est privée par suite du privilége accordé aux journaux soi-disant littéraires. Ce revenu est-il suffisant pour indemniser complétement le Trésor de quelques centaines de mille francs que peut lui faire perdre éventuellement la suppression du timbre pour les journaux politiques publiés sans annonces ?

On reconnaîtra que ces chiffres n'ont rien d'exagéré quand on saura qu'une seule maison de Lyon, qui se consacre exclusivement à la vente des journaux expédiés en ballots, en vend pour plus de 12,000 fr. par mois.

Ce privilége avait-il aussi sa raison d'être dans le désir dont parle l'exposé des motifs, de *favoriser un autre courant ?* On doit le supposer ; mais aujourd'hui, quand le *courant* politique paraît offrir moins de dangers et mérite même quelques encouragements, n'est-il pas opportun de rechercher de quelle nature est le courant qu'on a favorisé ?

Est-il besoin de rappeler les titres de ces romans à succès qui, après avoir fait monter les tirages des petits journaux hebdomadaires, ont provoqué et facilité la création des journaux quotidiens ? C'était à qui trouverait les vocables les plus alléchants ou les plus terribles, depuis les *Mystères du petit Lapin blanc* et les *Mémoires de milord l'Arsouille*, jusqu'aux romans des héros de bagne et de guillotine, tels qne le *Fils du Supplicié* et autres gentillesses du même ordre.

Je ne m'exagère point l'influence du roman sur les esprits et sur les mœurs, et je suis trop ami de la liberté pour vouloir qu'on mette aucune entrave sérieuse à ces productions, qui mériteraient cependant d'être étudiées comme symptômes de la maladie morale d'une génération ; mais je me demande jusqu'à quel point on doit se féliciter de les avoir encouragés, d'avoir, sans y prendre garde, facilité leur propagation en exonérant de l'impôt postal qui frappe tous les écrits périodiques, les recueils dans lesquels ces ouvrages étaient publiés.

Oui, telle est la littérature, tel est le *courant* qu'a favorisé l'exception admise à l'égard des journaux *étrangers aux matières politiques* et d'*économie sociale !*

Le moment n'est-il pas venu de renoncer à ce système

de protection qui lèse l'équité, les intérêts du Trésor, la morale publique, en même temps qu'il porte un préjudice notable aux journaux sérieux et à une industrie importante, très-gravement atteinte, depuis quelques années, par la concurrence des journaux prétendus littéraires, je veux parler de la librairie.

V

La Librairie. — L'Imprimerie. — La Liberté

Quelques lignes suffiront pour démontrer que si, d'un côté, les journaux littéraires ont, sur les journaux politiques, au moyen de transport par ballots, l'avantage d'une économie considérable et d'une célérité de distribution très-notable, ils ont, sur la librairie, la supériorité d'un immense marché de faveur qui est fermé au commerce des livres.

C'est le marché de la rue, de la voie publique, des kiosques.

Si, à Paris, la lutte est impossible pour la librairie, grevée de loyers, d'impositions, de frais généraux très-onéreux (je laisse de côté les brevets dont la suppression est inscrite dans la nouvelle loi), au moins pourrait-elle se soutenir en province si tous les journaux étaient assujettis à la loi postale.

Je ne pense pas que la suppression des brevets change rien à la situation. Tout au plus permettra-t-elle à quelques grandes maisons d'établir, dans divers quartiers et dans diverses villes, des succursales pour l'écoulement des marchandises de leur fonds. Il n'est pas probable que le préfet de police, les préfets des départements et les maires des villes, de qui relèvent les marchands de journaux, autorisent ceux-ci à faire le commerce des livres ou même des livraisons.

Quant à moi, si j'apprécie la suppression des brevets d'imprimeur et de libraire, c'est surtout parce que je vois dans cette menace qui porte le premier coup aux monopoles et aux priviléges, le gage d'une réforme prochaine du système de la vénalité des charges.

VI

Conclusion

Si vous voulez voir la presse périodique devenir, en peu de temps, un moyen puissant d'information, un foyer lumineux d'idées et d'enseignement, affranchissez les journaux publiés sans annonces de l'impôt du timbre qui n'a aucune raison d'être.

Si vous voulez enrayer ce déplorable mouvement de littérature, dite populaire, qui a jeté, depuis quelques années, un si grand désordre dans les esprits, si vous voulez voir le commerce de la librairie reprendre son essor, le livre remplacer, dans un grand nombre de mains, la feuille volante,

Rétablissez l'égalité devant la loi et appliquez à tous les écrits périodiques indistinctement la mesure d'intérêt fiscal qui les frappe de l'impôt de la poste.

UN ANCIEN JOURNALISTE.

PARIS. — BERNARD-LABORDE, RUE VAVIN, 42 (TYP. BONNET).

9 782013 360005